Enrica von Handel-Mazzetti

Ich kauf ein Mohrenkind

ein Weihnachtsspiel in vier Szenen

Enrica von Handel-Mazzetti

Ich kauf ein Mohrenkind
ein Weihnachtsspiel in vier Szenen

ISBN/EAN: 9783743471252

Hergestellt in Europa, USA, Kanada, Australien, Japan

Cover: Foto ©ninafisch / pixelio.de

Weitere Bücher finden Sie auf **www.hansebooks.com**

Ich kauf'
ein Mohrenkind.

Vier Szenen.

1899.

Handel-Mazzetti, Weihnachts- und Krippenspiele.

Personen:

P. Andreas, Katechet.
Merz, Wäschehändler.
Frau Merz.
Die kleine Elsa Merz.
Frau Bastler aus Kritzendorf.
Ella Weiner ⎫
Lisi Koch ⎬ Schulmädchen
Mizzi Steinberger ⎭
Anna, Dienstmagd bei Frau Merz.
Schwester Annunziata, Oberin des Waisenhauses St. Charles in Algerien.
Schwester Leopoldine.
Schwester Rosa, Ökonomin.
Hamama ⎫
Behaira ⎬ Kabylinnen.
Tessadid ⎭
Theresa ⎫
⎬ christliche Negerkinder.
Mira ⎭
Ein kleines Negerkind.
Hamed, Portier des Missionshauses, Marokkaner.
Ali Nigro, ein Araber.
   Schulmädchen, Neger- und Kabylenkinder.
In den drei ersten Szenen ist der Ort der Handlung Wien, in der vierten das Missionshaus St. Charles bei Birmandreis in Algerien.

1. Szene.

(Ein Schulzimmer. Vorne links Katheder und Tafel. An der Wand eine Karte vom Heiligen Land. Auf dem Kathedertisch rechts mehrere Bücher.
Der Katechet P. Andreas steht auf dem Katheder. — Links (rechts und links immer vom Zuschauer gerechnet) sind die Schulbänke placiert.
Mehrere Schulmädchen, nett gekleidet, mit Trägerschürzchen, hängenden Zöpfen, sitzen in den Bänken. Auf den Tischen liegen Bücher (Kinderbibeln, Katechismus). In der ersten Bank Elsa Merz, am nächsten zum Zuschauer, und Ella Weiner; in der zweiten Lisi Koch und Mizzi Steinberger, dann noch zwei Bänke mit je zwei Kindern.)

P. Andreas
(vortragend).

Wir wollen nun, liebe Kinder, mit Rücksicht auf das schöne Fest, das wir in wenigen Wochen feiern, bevor ich die Stunde schließe, miteinander im Geiste eine Wallfahrt nach Bethlehem machen. Wir treten, liebe Kinder, voll heiliger Ehrfurcht in den Stall ein; mildes Licht strahlt uns entgegen: Es geht von einem zarten Kindlein aus, das auf Stroh in einer Krippe liegt. — Ihr kennt das Kind?

(Pause.)

Elsa
(leise).

Das liebe Jesukind.

P. Andreas.

Ja, das liebe Jesukind. Gottes Sohn und doch — wie arm! Schaut auf das Kindlein, meine lieben Schülerinnen, und dann schaut auf euch. Wie reich seid ihr gegen das Kind! Ihr habt warme Kleider, Schuhe —

(Die Kinder schauen verstohlen ihre Kleider an.)

Wenn ihr jetzt von der Schule heimkommt, erwartet euch zu Hause ein wohlgeheiztes Zimmer, ein gutes Mittagsmahl; und bald — am heiligen Christabend — winkt euch der Christbaum und eine prächtige Bescherung. Das Jesukind hatte nichts von alledem. Ein paar ärmliche Windeln, eine harte Krippe statt einer Wiege, das waren Jesuleins Reichtümer bei seiner Geburt; und hätte nicht seine heilige Mutter an ihrem treuen Herzen es gewärmt, so würde das arme Gotteskind im Stalle bitterlich gefroren haben.

Kinder
(leise).

Armes Jesulein!

P. Andreas.

Liebe Kinder! Wir knien miteinander in Bethlehem an der Krippe und sehen unseren Gott in solcher Armut! Was, denkt ihr, sollen wir nun tun?

(Ella zeigt auf.)

Nun — Weiner!

Ella
(aufstehend).

Wir wollen das Kind beschenken, damit es nicht so arm sei.

P. Andreas.
Welche Geschenke sind ihm wohl die liebsten?
(Mizzi zeigt auf.)
Steinberger Marie!

Mizzi
(aufstehend).

Gute Werke sind dem lieben Heiland die liebsten Geschenke.

P. Andreas.
Ganz richtig. Nun und welche guten Werke werdet ihr dem armen Jesulein zuliebe verrichten?
(Elsa zeigt auf.)
Merz Elsa!

Elsa
(lebhaft).

Unsern Eltern und den Herren Lehrern Freude machen, gut lernen, gute Noten bekommen.

Kinder
(im Chor, freudig).

Lauter Einser!

P. Andreas.
Lauter Einser! Nun, da stecken wir aufs

Schulhaus eine weiße Fahne! Und andere gute Werke, wem fällt was ein?

(Elsa zeigt wieder auf.)

Elsa Merz!

Elsa
(aufstehend, redet frisch und temperamentvoll).

Armen Leuten Almosen schenken, Herr Katechet.

P. Andreas.

Ja, mein Kind, dies ist außer der Erfüllung unserer Standespflichten wohl das schönste und beste Weihnachtsopfer, das wir an der Krippe darbringen können. Es gibt viel Armut im Land und außer Land, leibliche und geistige Not. Die geistige ist oft noch bejammernswerter.

(Elsa zeigt auf.)

Nun?

Elsa Merz
(steht auf).

Bitte, Herr Katechet, was ist geistige Not?

P. Andreas.

Mein Kind, es ist zumal der traurige Zustand der Seelen, die Gott nicht kennen. Solchen zu helfen, Kind, ist ein großes, ein herrliches Werk.

Elsa
(bescheiden).

Aber ist das nicht sehr schwer, bitte?

P. Andreas.

Ja, es ist schwer. Und doch gibt es Menschen,

die ihr ganzes Leben in den Werken der höchsten, der geistlichen Barmherzigkeit völlig verzehren, edle Lehrer und Lehrerinnen, seeleneifrige Prediger des Wortes Gottes, Missionäre und Missionsschwestern, sie alle widmen ihre Kraft der geistigen Charitas.

(Zu Elsa:)

Merz Elsa, du möchtest etwas sagen?

(Elsa steht verlegen da.)

Nun?

Elsa
(zögernd).

Bitte — Herr Katechet — o bitte

(faltet die Hände),

erzählen uns etwas von den Missionären! Bitte, bitte!

P. Andreas
(schaut auf die Uhr; für sich).

Wir haben noch einige Minuten.

(Erzählend:)

Die Missionäre und Missionsschwestern, liebe Kinder, sind Apostel Gottes, Verkünder seines heiligen Evangeliums unter den Heiden, deren es, wie ihr wißt, auf Erden noch viele, viele Millionen gibt.

Kinder
(leise, erschrocken).

Jö — ö!

(Elsa, auf den Ellbogen sich stützend, schaut den Katecheten unterm folgenden unverwandt an.)

P. Andreas
(erzählt weiter).

Ja, viele, viele Millionen Mitbrüder, wie wir erschaffen nach Gottes Ebenbild und durch Christi kostbares Blut erlöst, leben in schrecklichem, menschenunwürdigem Götzendienst, in gräßlicher Verwilderung der Sitten dahin, weil sie den wahren Gott und seine milde Lehre nicht kennen. Und seht ihr, da erscheinen nun die Vorkämpfer der Sitte und Kultur, die Missionäre und Missionärinnen auf dem Plan; und wie Christus sprechend: Uns erbarmet des Volkes, ziehen sie über das Weltmeer in die ungesunden, fieberischen Klimate Afrikas, in die schrecklichen Pest- und Lepraherde Asiens, in die Flammenglut der Tropen und in das ewige Eis der Polarküsten, brechen ihr Brot mit dem armen Neger und mit dem verachteten Kuli, kaufen die unglücklichen schwarzen Kindlein, die mit ihren Eltern in die Sklaverei geraten oder in derselben geboren sind, los, bauen Schulen für diese armen kleinen Wesen und unterrichten sie dort in der Religion Jesu Christi und allem andern, was zu wissen gut und nützlich ist. Die Mittel zur Erbauung dieser segensreichen Anstalten — denn wie auch ihr, liebe Kinder, schon wißt, kann man auf dieser armen Welt ohne Geldmittel kein Unternehmen in die Höhe bringen — die Mittel also für ihre Schulen und Spi-

täler werden den Missionären durch eigens organisierte Vereine zugewendet; einer von diesen ist die so segensreiche St. Petrus Claver-Sodalität, die speziell die afrikanischen Missionen unterstützt und der ich selber als Mitglied angehöre. Doch es wird spät.
(Blickt auf die Uhr.)
Ich muß schließen. Beten wir.

Kinder
(beten im Chor).

Vater, all die guten Lehren
Laß uns üben, nicht bloß hören.
Segne Du des Lehrers Wort,
Führ' uns gnädig fort und fort,
Mach' uns sittsam, fromm und wahr,
Segne Deine Kinderschar.

(Nach dem Gebete holen die Kinder ihre Käppchen, Jacken, Kragen und treten zum Fortgehen paarweise an. Nur Elsa bleibt vorne mit dem Katecheten stehen. — Während des folgenden hört man fern (wie aus einer Nebenklasse) eine Lehrerin rufen: Lied nochmals piano anfangen! worauf Kinderstimmen piano singen: „O du fröhliche, o du selige." Während die Kinder singen, sagt Elsa mit von Rührung etwas umflorter Stimme zum Katecheten:)

Elsa.

Euer Hochwürden, — ich — ich habe ein großes Anliegen.

P. Andreas.

Nun, Elsa?

Elsa.

Es hat mich so

(legt die Hand auf ihr Herz)

es hat mich das so gerührt von den armen Mohrenkinderln. ..... Können denn nur **Große** dazu helfen, daß solche arme Negerkinder losgekauft werden und in die Schule gehen können?

P. Andreas.

Alle können dazu helfen, große und kleine Leute. Man sagt sogar, daß die Beiträge zum Werk der Glaubensverbreitung wie auch zur St. Petrus Claver-Sodalität nicht zum kleinsten Teile aus den Sparbüchsen braver Kinder stammen. Manche Kinder sparen jahrelang, um die 24 Kronen, die für den Loskauf eines Negerkindes notwendig sind, der Zentralstelle der Sodalität einsenden zu können.

Elsa
(feurig).

Herr Katechet, das tu' ich, das tu' ich auch! Von heute an werd' ich sparen, aber so sparen — bis ich das Geld für ein Mohrenkinderl beisammen habe.

P. Andreas
(gerührt).

Gott segne dich, mein gutes Kind, und belohne deinen Eifer!

Elsa
(noch eifriger).

Aber Jahre darf's nicht dauern — nicht einmal e i n Jahr! Ich will die Eltern und den Großpapa und die Tante Pepi und alle bitten, daß sie mir was schenken — und meinen Kaffee ohne Zucker trinken, wie die Fanni in „Zwölf kleine Mädchen", damit ich das liebe Mohrl zu Weihnachten schon loskaufen kann — d a s ist mein Geschenk fürs arme Jesukind. Da wird sich das Jesukindlein freuen — nicht wahr, Herr Katechet?

P. Andreas.

Ja, und alle lieben Engel mit ihm! Gott erhalte dir, Kind, den frommen Sinn und Eifer!
(Lied hinter der Szene (st a r k): Freue dich, freue dich o Christenheit. — Die Schulglocke tönt, der Katechet legt segnend die Hand auf Elsas Haupt.)
Der Vorhang fällt.

2. S z e n e.

(Wohnzimmer, gutbürgerlich eingerichtet, im Hause Merz. Frau Merz in einer netten Matinee mit Morgenhäubchen, Herr Merz im Gehrock sitzen am Frühstückstisch. Herr Merz liest die Zeitung. — Eine dritte Kaffeetasse und ein drittes Stühlchen weisen darauf hin, daß noch eine dritte Person kommen muß.)

Frau Merz.
Gibt es etwas Interessantes?

Herr Merz
(schüttelt den Kopf, brummt etwas in den Bart und liest weiter, im Lesen hin und wieder einen Schluck Kaffee nehmend).

Frau Merz
(ruft).

Elserl, dein Kaffee wird kalt!

Elsa
(aus dem Nebenzimmer).

Gleich, bitte gleich, Mama!

Herr Merz
(lesend).

Kolossal langweilig.
(Legt die Zeitung weg.)
Wo ist Mädi?

Frau Merz.
Sie hat, scheint mir, noch drinnen zu tun.
(Steht auf, geht zur Tür, öffnet sie halb, späht hinein, kommt leise lächelnd zurück!)

Herr Merz.
Lernt sie?

Frau Merz.
Nein.

Herr Merz
(lächelnd).

Sondern?

Frau Merz.
Ihr Spargeld zählt sie.

Herr Merz
(launig).

Muß etwas Besonderes vorhaben, die Elsa von Brabant. Entwickelt ja ein kolossales — Einkommensteuersystem seit einer Woche. Wer ihr in den Wurf kommt, wird geschröpft. Du, ich, Sefine, wir alle haben schon unsern Obolus geschwitzt. — Du, Marie, ich möcht' doch wissen, wofür sie spart! Der kleine Leichtsinn, bei dem es bis jetzt kein Sechserl länger als 24 Stunden gelitten hat! Du, sie wird sich doch kein — Grammophon kaufen wollen?

(Den nasalen Ton des Grammophons nachäffend.)

Man kommt ihr entgegen auf all ihren Wegen. — Brrr!

(Hält sich die Ohren zu. Frau Merz lacht hell auf.)

Meine würdige Gattin, Sie belieben zu lachen?

Frau Merz
(während sie Elsas Kaffeeschale mit der Untertasse zudeckt).

Da, damit's warm bleibt! . . . Ich lache, weil Euer Gnaden mit Ihrem Verdacht total auf dem Holzweg sind!

(Ernst.)

Ich weiß, wofür das gute Kind spart. Sie hat es mir neulich eingestanden. Sie möchte bis Weihnachten 24 Kronen zusammenbringen, um sie einem Missionsverein zum Loskauf, wenn ich nicht irre, eines Negerkindes zu schenken. Der

Katechet hat ihnen nämlich in der Schule ganz begeistert von den Heidenmissionen erzählt.

Herr Merz
(kurz, kalt).
So!

Frau Merz.
Ist es dir nicht recht?

Herr Merz
(nach einer Pause).
Weißt du — diese Geschichten da sind nicht mein Geschmack. Unser Elserl meint es ja natürlich gut, wie immer, wenn sie ihr Geld zusammenspart; aber die Sache an sich — ich meine diese Missionen — hat weder meine Sympathie noch meine Billigung.

Frau Merz.
Lieber Paul, du warst doch neulich ganz Feuer und Flamme für das Buch über General Gordon, nanntest Gordon und Kardinal Lavigerie zwei wunderbare Heldengestalten.

(Er wiegt den Kopf abstreitend hin und her.)
Ja, ja, du hast das Wort gebraucht!

Herr Merz.
Das hat doch mit Afrika-Missionsschwärmerei nichts zu tun. Gordon gefällt mir als Charakter.

Frau Merz
(schelmisch).
Und Kardinal Lavigerie?

Herr Merz.
Auch.
(Nimmt die Zeitung und liest eifrig.)

Frau Merz.
Aha! Papa fühlt sich geschlagen, deshalb zieht er sich hinter die Zeitung zurück. — Kolossal langweilig? — —

Herr Merz
(hinter der Zeitung hervor).
Keine Spur geschlagen. Das mußt du selbst zugeben, daß diese Afrika- usw. Vereine exklusivistische, unsoziale Tendenzen haben.

Frau Merz.
Aber schau, Paul, da müßte man ja auch jeden andern Verein, der die Unterstützung einer bestimmten Klasse Menschen zum Zweck hat, exklusiv nennen.

Herr Merz.
Klasse ist nicht Rasse.

Frau Merz.
Paulchen, du bist ein Wortklauber.

Herr Merz.
Zum mindesten finde ich es sehr überflüssig, schon die Kinder für solche Hirngespinste — Par-

don! — zu begeistern. Man macht sie dadurch einseitig und enghertzig. Sie sehen ein armes, weißes Kind auf der Straße frieren und hungern, sie geben ihm nichts, weil sie für ein schwarzes Kind, für ein unbekanntes Kind, Tausende von Meilen weit lebend — oder auch nicht lebend, ihre Kreuzer sparen müssen.

Frau Merz.
Hast du das schon im Leben beobachtet?
(Herr Merz liest eifrig in der Zeitung.)
Stelle also keine Theorie auf! Sonst kommt die Praxis und straft dich Lügen, und — es bleibt dir dann wieder nichts übrig, als dich hinter die Zeitung zu verschanzen.

Herr Merz
(ablenkend).
Der Elsa wird der Kaffee ganz kalt werden.

Frau Merz.
Da ist sie schon. Grüß Gott, Mädi!

Elsa
(lustig hereinspringend).
Küß die Hand, Papa! Guten Morgen, Mami!
(Küßt beide Eltern.)

Herr Merz.
Grüß Gott, Elsa.
(Wieder hinter der Zeitung.)
Kaffee wird schon kalt sein.

Elsa
(fröhlich).
Oh, macht nichts!

Herr Merz
(schiebt ihr die Zuckerdose hin).
Versüßen wir uns das Leben.

Elsa.
Danke, danke!
(Trinkt hastig.)

Herr Merz.
Semmel gefällig?
(Schiebt ihr den Brotkorb hin.)

Elsa.
O danke. —
(Mama lächelt vor sich hin.)

Frau Merz.
Du hast gestern spät noch das Gedicht gelernt, du kannst es hoffentlich.

Elsa.
Ob!
(Trinkt rasch die Tasse aus.)

Herr Merz.
Adagio, Adagio!

Elsa
(setzt die Tasse hin, steht auf und deklamiert schulmäßig):
Als Kaiser Rotbart lobesam
Zum Heil'gen Land gezogen kam,

Da mußt' er mit dem ganzen Heer
Durch ein Gebirge, wüst und leer.
Daselbst erhub sich große Not —
(Fängt plötzlich hell zu lachen an und klatscht in die Hände.)

Herr Merz.

Na, Elsa von Brabant, die große Not scheint dich nicht anzufechten.

Elsa
(ausplatzend).

Ich kann nichts dafür. Ich hab' halt so eine Freude! Ich hab' so eine Riesenfreude.
(Tanzt herum.)
Papa, Mama, ich m u ß es sagen — ich kann nicht anders — ich hab' schon f ü n f G u l d e n f ü n f z i g K r e u z e r in der Sparkasse — für mein armes Mohrl!

Frau Merz
(gerührt, leise).

Gutes Mädi!

Herr Merz
(nimmt die Zeitung, scheint aber auch etwas gerührt; legt plötzlich die Zeitung weg und fragt schnell und pointiert).

Aber das verbitte ich mir, daß du etwa deswegen den Kaffee bitter trinkst! Ich muß schon bitten! Das schadet der Gesundheit!

Elsa
(legt den Arm um seinen Hals).

Er schmeckt mir so besser! — Bitte, Papa, nicht

bös sein! Papa, warum machst du so ein ernstes Gesicht?

Herr Merz.

Mein Kind, ich habe kein faible für diese Afrikageschichten.

Anna
(Dienstmagd tritt auf).

I bitt'!

Frau Merz.

Was ist's, Anna?

Anna.

Bitt', die Milchfrau steht no immer draußt.... Bitt' schön, sie tät bitten, ob s' mit der gnä' Herrschaft reden könnt'.

Frau Merz.

Sie soll halt hereinkommen.

Herr Merz.

Es wird eine Bettelei sein. — Donner und Doria, bald acht, ich muß ins Geschäft.
(Steht auf, holt seinen Überrock und zieht ihn an; während er sowie Elsa sich zum Ausgehen fertig machen — Elsa holt sich Mützchen, Paletot und Schultasche —, tritt zögernd Frau Bastler auf. Sie hat einen abgetragenen Rock von schreiender Farbe, eine weiße Schürze, gestrickten Umhang und weißes Kopftuch, in der Hand einen leeren Milchamper.)

Frau Baſtler
(zögernd und verlegen).

J bitt' tauſendmal um Vergebung — gnä' Herr und gnä' Frau. —
(Küßt Frau Merz die Hand.)

Frau Merz.
Wie geht's, Frau Baſtler?

Frau Baſtler.
Schlecht!
(Dreht ſich weg und wiſcht ſich über die Augen.)
Der Karli is halt alleweil ſo viel krank.
(Herr Merz greift verdrießlich in die Taſche nach dem Portemonnaie. Elſa ſteht, das Käppchen auf dem Kopf und das Schulleder in der Hand, aufmerkſam lauſchend, im Hintergrund.)

Frau Merz.
Das iſt mir aber leid.

Frau Baſtler.
Soviel a lieb's Buberl is er.
(Lamentabel.)
Aber 's Lüngerl, 's Lüngerl is halt ſo ſchwach ... jetzt mit dera Huſten. — J bitt', gnä Herrſchaften, ſan S' nit bös.
(Schaut zu Boden und glättet ſich die Schürze.)
Uns geht's halt gar ſo ſchlecht, ſeit was die ſchecketé Kuh umg'ſtanden is, verlieren ſi die Kunden, nacher die Konkurrenz, mir haben's

kaum, daß mir leben können; und jetzt soll mir'n Doktor für'n Karli zahlen.
(Verzweifelt.)
Mein Gott und Herr, i waß nit, wo i's her-
nimm — sieben Fisiten!
(Faltet die Hände.)
O gnä' Frau, i bitt' Ihnen, gnä' Herr, haben S' die Gnad' und die Barmherzigkeit, tun S' mer nur an' Gulden oder zwa leichen — können S' mir's von der Milch abziehen — bitt', Euer Gnaden. —
(Elsa eilt ins Nebenzimmer.)

Frau Merz
(für sich).

Schade, Weihnachten vor der Tür, und ich bin ganz verausgabt.
(Nimmt zwei Kronen aus dem Portemonnaie.)
Hier haben Sie eine Kleinigkeit. Leider ist mehr nicht möglich. Vielleicht später.

Herr Merz.

Da.
(Gibt Frau Bastler auch zwei Kronen.)
Aber vom Abziehen keine Spur, behalten Sie's nur.

Frau Bastler.

I sag' halt fleißig „Gelt's Gott!", gnä' Herr-schaften, und bitt' schön, sein S' nit bös auf mich.
(Will sich zurückziehen.)

Elsa
(ruft aus dem Nebenzimmer):
Bitte, Mama, laß die Frau Bastler noch nicht weggehen!

Frau Merz.
Warten S' noch einen Moment.
(Sieht ihren Mann bedeutungsvoll an.)

Elsa
(rasch eintretend, ruft der Bastler zu).
Da haben Sie noch ein Krönderl!
(Steckt ihr eine in einen Fünfer gewickelte Krone in die Hand.)

Frau Bastler.
Gelt's Gott!
(Betreten.)
Aber Fräul'n — mei liabe Fräul'n, dös kann i ja nöt nehmen! — Gnä' Herr, die gnä' Fräul'n hat mir an' Fünfer geben — dös darf i nöt nehmen.

Herr Merz
(gerührt).
Wenn meine Tochter ihn Ihnen schenkt, warum nicht? Meine Tochter kann über ihr Spargeld verfügen.

Frau Bastler
(mit Tränen in den Augen).
Aber schauen S', mei liabe Fräul'n, jetzt b'rauben S' Ihnen wegen meiner und bleibt Ihnen nix im Sparbüchserl. —

Elsa.
Für den Karli! Ich schenk's Ihnen ja für den Karli! Das Krönderl und das Papierl!

Frau Bastler.
Die Fräul'n is gar a feine. Für'n Karli — 's Krönderl und's Papierl.
(Zieht eine zerrissene Börse und steckt das Geld hinein.)
O, Gott segn's Ihnen, Fräul'n!
(Bricht in Tränen aus.)
Recht gut soll's Ihnen gehen, weil S' so gut sein — recht glücklich sollen S' werden! — —

Elsa.
Und der Karli soll ganz gesund werden, pumperlg'sund!

Frau Bastler.
Tun S' beten, liebe Fräul'n, wann so an Engerl bet', kann unser Herrgott nöt „Nein" sagen.
(Ab unter Tränen.)

Herr Merz
(gerührt, zum Schein tadelnd).

Elsa, du warst doch ein bißchen zu splendid! Nachdem du dir so viel Mühe gabst mit dem Sparen für deinen Mohrenverein — auf einmal alles wegschenken — das ist doch ein unüberlegter Streich!

Elsa
(schalkhaft deklamierend).

Der Held bedacht' sich gar nicht lang,
Die Streiche sind bei uns im Schwang.

Sie sind bekannt im ganzen Reiche,
Man nennt sie halt nur Schwabenstreiche.
(Macht ein komisches Knixchen und läuft, eine Kußhand zurück-
werfend, mit der Schultasche davon.)

Herr Merz.
Marie, ich streiche die Flagge.

Frau Merz.
Wie meinst du, lieber Paul?

Herr Merz.
Ich bin mit meiner Theorie eingegangen. Hand darauf, ich will über die afrikanischen Vereine nichts mehr reden. Das Kind hat mich gerührt — kann dir nicht sagen, wie. Ihr ganzes, mühsam erspartes Geld gibt sie her — das ist...

Frau Merz.
Das ist halt ganz unser Elserl.

Herr Merz.
So reizend tat sie es, so ohne Ostentation. — Sie beschämte uns beide. Wir wollten uns nicht wehtun. Sie h a t sich wehgetan und mit ihrem ganzen Sparpfennig noch ihren liebsten Traum, das befreite Negerkind, dran gegeben, um einem armen weißen Kind aus aktueller Not zu helfen.
(Nach einer Pause lebhaft.)
Der Traum soll noch Wahrheit werden! Sie soll ihr Negerkind haben — und bald! Dafür garantiere i c h. — Wieviel, sagtest du, kostet so ein Mohrl?

Frau Merz.
24 Kronen, Paul; du lieber Paul!

Herr Merz
(launig).
Ich lieber Paul sorge dafür, daß sie die bekommt; aber du, werte Marie, beobachtest gefälligst Schweigen! Bis zum 10. Dezember — du verstehst?

Frau Merz.
Ich verstehe
(reicht Herrn Merz fröhlich beide Hände)
und verspreche strengste Diskretion.
Der Vorhang fällt.

3. Szene.

(Dieselbe Szenerie wie in der vorhergehenden. — Statt des Frühstückes steht ein weiß gedecktes Tischchen da, rechts und links davon zwei Stühle. Auf dem Tischchen eine mit elf Lichtern besteckte Torte. Um die Torte herum allerlei Geschenke: Bilder, Bücher, Ansichtskarten, Spielereien, Pulswärmer, Spitzenkrägchen, Brosche und andere Kleinigkeiten. Über den Sesseln hängen Schürzchen, ein Pelzkragen oder Boa, ein Muff, ein Ridikül. Frau Merz ist mit dem Ordnen der Geschenke beschäftigt. Ein Wachsstock oder Löschhörndl mit daran befindlicher Kerze muß auf einem Seitentisch vorhanden sein.)

Frau Merz.
Elf Jahre schon! Lieber Gott, die Kinder werden groß und man wird alt! Seh' das liebe Mauserl noch vor mir im weißen Tragmantel

und Spitzenhäuberl, wie es an seinem ersten Geburtstag in dieses Zimmer getragen worden ist. — Ein Wurstel, ein Kautschukpupperl und eine Flanellkatze, das war damals die ganze Bescherung, und wie hat sich mein Elserl gefreut und immer gezeigt: „Da, da, da!"

Herr Merz
(hinter der Szene).

Grüß dich! Elserl noch nicht gekommen? —
(Tritt auf, ein Paket unterm Arm.)

Frau Merz.
Sie muß im Moment da sein, es hat schon zwölf geläutet.

Herr Merz.
Wunderbar hast du alles hergerichtet.
(Betrachtet den Tisch und schiebt einige Gegenstände zurück, um Platz zu schaffen.)

Frau Merz.
Deine Freigebigkeit, lieber Paul!

Herr Merz.
Und dein guter Geschmack, liebe Marie!
(Schiebt die Sachen noch weiter zurück.)

Frau Merz.
Bitte, Paul, verdirb mir den Aufbau nicht!

Herr Merz.
Platz, Platz dem Landvogt.
(Öffnet das Paket.)

Frau Merz
(neugierig).
Du lieber Paul! Noch eine Überraschung fürs Mädi?

Herr Merz.
Ich lieber Paul.
(Er legt zwölf Taschentücher vorne auf dem Tisch aus.)
Die sind von unserm Geschäft.

Frau Merz
(neugierig guckend).
Aber Paul, hast du das mit Fleiß getan? Jedes ein anderes Muster! — So ein Potpourri!
(Die elektrische Klingel ertönt.)

Herr Merz.
Findest du? Ich lieber Paul hab' halt alles Exotische gern. — Bst! Ich höre läuten.

Frau Merz.
Und ich hör' schon die lieben kleinen Füße trappeln. Muß schnell anzünden. Bitte, Paul, den Wachsstock.
(Er reicht ihn ihr.)

Elsas Stimme.
Darf man?

Eltern
(zugleich).
Nein!
(Frau Merz zündet rasch die Tortenkerzchen an.)

Eltern
(zusammen).

Jetzt!

(Vater öffnet die Tür. Elsa im Schulanzug stürzt herein.)

Elsa.

Je! Je! Je! So viel!

(Läuft, in die Hände klatschend, um den Tisch herum.)

Herr Merz.

Grrroßartig viel! Aber wenn man auch so grrroßartig brav ist wie eine gewisse Elsa von Brabant ...

Elsa.

Ach, Papa, es ist gar nicht so arg!

(Geht bewundernd langsam um den Tisch herum.)

Nein, so viele und so schöne Sachen! Das hübsche Ridikül!

(Hebt es auf.)

Die wunderbaren Bücher!

(Liest die Titel.)

Grafendorli — Fräulein Übermeer — das muß lustig sein! — Waldheimat — o da freu' ich mich! Da hab' ich den ganzen Winter zu lesen. Das prachtvolle Necessaire! Der schöne Muff! Husch, husch, husch, bin schon drin! — Ansichtskarten, — eins, zwei, drei — fünf, zehn — nein, ich werd' ja gar nicht fertig. Mama!

(Springt an ihr hinauf und küßt sie.)

Papa!

(Küßt den Vater.)

Ich dank' euch schrecklich, vielmals, ihr seid so gut, aber ich will auch ein braves Mädi sein und mir alle diese Schätze ver die nen.

Frau Merz.

Mädi, du hast was nicht gesehen. Siehst du, Paul, hättest du mich arrangieren lassen! Elserl, schau' den Tisch genau an!

(Elsa schaut genau und sehr nahe.)

Elsa.

Ah, Sacktücher sind ja auch da.

Frau Merz.

Vom Papa.

Elsa
(fröhlich).

Küß die Hand, Papa.
(Nimmt die Sacktücher und will sie zusammenlegen.)

Herr Merz.

Adagio, Adagio, die mußt du Stück für Stück andächtig betrachten, es sind Raritäten aus unserem Geschäft, jedes hat einen andern Rand.

Elsa
(das erste Sacktuch entfaltend).

Das hat einen Lückerlsaum und kleine Karo.
(Schreit plötzlich.)

Je, da fällt was heraus!
(Bückt sich, hebt ein Guldenstück auf, hält es strahlend empor.)

Schau, Mama, ein Gulden! Papa — bitte — gehört der auch mir?

Herr Merz.
Natürlich. Das ist gerade die Rarität dabei.
Elsa
(vergnügt).
Ich weiß schon, was ich damit tu.
(Zieht ihr Börschen.)
Herr Merz.
Schau erst Nummer 2 an!
(Reicht ihr das zweite Taschentuch.)
Echt Sezession!
Elsa
(öffnet das Taschentuch, sagt ganz betreten).
Noch ein Gulden!
(Glücklich.)
Mama, noch ein Gulden!
Herr Merz
(tut selbst die Taschentücher, die noch auf dem Tische liegen, auseinander).

Noch ein Gulden, noch ein Gulden, noch ein Gulden! — Und alle zwölf gehören der Elsa von Brabant.
Frau Merz.
Gelt, Mädi, so ein guter Papa? — Armes Mädi, sie ist ganz weg vor Freude.
Elsa
(die zuerst mit starren, glänzenden Augen, ganz paff vor staunender Freude gestanden, tut einen Jubelschrei und stürzt ihrem Papa um den Hals).

O Papa, Papa, du goldener Herzenspapa!

Herr Merz.

Ich lieber Paul — ich goldener Herzenspapa — wenn da der Mensch nicht eingebildet wird. —
(Ernst.)
Du, mein Kind, bist das goldene Mädi! Der Papa hat sich's gemerkt, wie du damals der Milchfrau dein ganzes Erspartes gegeben hast — und mit demselben Maß, mit dem sie ausmißt, hat der Papa der Elsa eingemessen. Nur hat halt der kurzsichtige Papa in der Eile Gulden statt Kronen erwuschen. — Und was wird sie mit diesen zwölf Gulden anfangen, die Elsa von Brabant, zum Beispiel?

Elsa.

Geh, Papa, du weißt es ja so! — Mutti, gelt, er denkt sich's schon!
(Aufjubelnd.)
Ich kauf' ein Mohrenkind! Ich kauf' ein Mohrenkind! Ein liebes, armes, kleines Mohrl in Afrika kauf' ich los!
(Rafft das Geld zusammen, hält es in der einen Hand, mit der andern diese deckend, und klimpert damit; Vater und Mutter schauen glücklich und gerührt auf sie nieder.)
Der Vorhang fällt.

4. Szene.

(Vor dem Missionshaus St. Charles in Algerien. Der Prospekt zeigt den Hof des Missionshauses. Links ist das Missionshaus, rechts das Dorf gedacht. Im Mittelgrund die Umfriedungsmauer, im Prospekt eine orientalische Landschaft. Rechts das Tor der Umfriedung und die offene Veranda des Klosters. Hamed, der türkische Portier, in Gondera und Turban, einen Pack mohammedanischer Amulette auf der Brust, sitzt neben einem Tischchen mit unterschlagenen Beinen auf der Erde.)

Hamed.

Bi hania! bei meinem Bart! Schöner Bart.
(Streicht sich den Bart.)
Es zeigt sich kein Fremder, nicht einmal ein Kamel. — Allah, lallah, tallah! Armer Hamed, bist müde, hast doch einen schweren Dienst, armer Hamed. Von früh bis in die Nacht passen und lauern vor dem Hause der
(schaut vorsichtig herum)
ungläubigen Weiber, und kein Fremder zeigt sich und kein Kamel. Sie sind ja brav, die Marabutas! Sie nehmen unsere Kinder auf und pflegen unsere Kranken. Bi rassi! bei meinem erzgescheiten Kopfe da, sie sind gute Wesen — wenn sie nur mehr Geld hätten, wenn Allah ihnen nur eine größere Speisekammer bescheren wollte, aber bald, daß ich es noch erlebe, denn Hamed wird alt, und seine Knochen werden dürr wie die Beine des Straußes, der durch die Wüste rennt. Die Königin des Tages heizt ihren Backofen, und Hameds Kehle ist ausgetrocknet.
(Geht ins Haus, kommt mit einer Flasche und einem Gläschen, setzt sich behaglich, entkorkt die Flasche und schenkt sich Wein ein; hält das Gläschen gegen das Licht.)

Ja, ja, ja, Freude meines Lebens! Hameds Gaumentrost! Bi hania el Effendi! — Bei Mohammeds Barte! — Pst!

(Schaut wieder um.)

Besser ist es, Hamed spricht jetzt nichts vom Propheten, denn der Prophet hat einmal, als seine Kadischa grad' besonders unausstehlich war, das blitzdumme Weinverbot gegeben. — Verzeihung, Effendi!

(Trinkt und hebt das Glas.)

Auf dein Wohl, Effendi!! Ah, der schmeckt!

(Schnalzt mit der Zunge; trinkt wieder.)

Die Marabutas sollten ihn nicht nach Europa schicken. Schade darum. Er schmeckt so süß und fein — so lieblich. — Sst!

(Schaut sich wieder um.)

Kommt niemand? Die Marabutas beten, und die Kinder sagen ihren Katechismus auf.

(Man hört Kinderstimmen summen und Töne eines Harmoniums.)

Hamama[*]
(tritt auf mit einem Korb mit Wäsche auf dem Kopfe von links[**]).

Hamed
(für sich).

Allah, lallah ... Die bunte Schlange!

---

[*] Die Kabylinnen haben lichtbronzenen Teint, blaue Tätowierungen: ein Kreuz auf der Stirn, Schlangenlinien auf den Wangen. Sie tragen Gondera und turbanartiges Kopftuch.

[**] Rechts und links vom Zuschauer.

Hamama
(deutet verständnisvoll auf die Flasche und lacht breit).
Hamed (für sich).
Roch! Überall müssen sie die Nase haben. Selmek, Hamama! Du wirst sagen, der alte Hamed trinkt Wein, was der Prophet verboten hat. O Hamama, du irrst, der alte Hamed trinkt den schrecklichen Stoff, den die Giaurs Tausendpiasterkraut nennen, für seinen schwachen Magen.
Hamama
(schüttelt höhnisch den Kopf, steckt den Finger in den Mund und schnellt ihn schnappend weg, dazu sprechend):
Ulasch!
(Ab nach rechts, verliert dabei ein Stück Wäsche aus dem Korb.)
Hamed
(ihr nachdrohend und ihr schimpfend die Wäsche nachwerfend).
Schuffi! Die werden ja immer kecker. Ich werde euch schon noch den Herrn zeigen — wartet!... Aber wenn du denkst, ich laß mir von dir meinen Herzenstrost vergällen — fehlgeschossen, bunte kabylische Schlange!
(Trinkt.)
Ausgezeichnet! Als hätte ihn der Effendi selbst im Paradies gepflanzt. Die Königin des Tages heizt ihren Backofen immer stärker, und Hameds Augen sind mit dem Blei des Schlummers beladen. Kein Mensch zeigt sich... und kein... Kamel.
(Schläft ein. Beim Schlafen wackelt er nach rechts und links, erst mit dem Kopfe, dann mit dem ganzen Oberkörper.)

(Schwester Rosa*) Ökonomin, tritt mit der Kabylin Behaira von links auf. Die eine hat einen großen Korb, die andere eine Piosche zum Ausstechen der Bataten.)

Schwester Rosa
(im Auftreten).

Laß uns sehen, ob wir doch einige gute Bataten finden drüben auf dem Felde. Wirklich, man könnte den Mut verlieren, nichts will uns heuer in der Wirtschaft geraten. Dem Wein hat der Sauerwurm zugesetzt, und was auf den Feldern die Heuschrecken übrig gelassen haben, hat der Frost zerstört.

Behaira
(auf Hamed deutend, der mit dem Kopfe wackelnd schläft).

Schuffi Marabuta, der schlaft wieder.

Schwester Rosa.
Hamed!
(Beide schütteln den Alten.)

Hamed
(erwacht, starrt sie an).

Selmek Marabuta!
(Steht taumelnd auf, macht ein tiefes Kompliment.)

Schwester Rosa.
So bewachst du das Haus?

---

*) Tracht der Schwestern: Creme=weißer Habit, desgleichen Skapulier. Kehltuch, Kragen und Kopfschleier blendend weiß. Auf der Brust ein Kreuz an rotem Bande, um die Mitte ein Strick, daran ein langer Rosenkranz, Brautring am Finger.

Hamed.

O Marabuta! Verzeih mir; Hamed war müde von schwerer Arbeit, kein Mensch hat sich gezeigt und kein Kamel — und nachdem die Fürstin des Tages da droben so unmenschlich einheizte, wurden Hameds Augen schwer wie Blei, und er — rastete etwas.

Schwester Rosa.

Hamed, ich sollte dich bei Schwester Oberin verklagen! Weißt du denn nicht, daß verdächtiges arabisches Gesindel in der Nähe streifend gesehen worden ist? Wofür bezahlt man dich?

Hamed
(steht immer so, daß die Weinflasche gedeckt; deklamatorisch).

O Marabuta, der Prophet ist mit mir zufrieden, warum bist du es nicht?

Behaira
(lachend).

Alhamdullilah, der Prophet, ist mit ihm zufrieden!

Hamed.

Soeben ist er mir im Traum erschienen.

Schwester Rosa.

Wirklich?

Hamed.

Mit einem weißen Burnus angetan und bedeckt mit grünem Turban kam er auf seinem

Schimmel Elvorak geritten. Zwei Melaikas trugen den Saum seines Burnus von r o t e m Kaschmir.

Schwester Rosa.

Erst war der Burnus weiß und dann rot — wie ist das zugegangen?

Hamed.

Ja, Marabuta, der Burnus war von dem Stoff, den die Franki — wie nennen ihn die Franki nur — na —

(schnalzt triumphierend mit den Fingern)

changeant! — Und der Prophet sprach zu mir: „Hamed, meine Hochachtung und Verehrung!"

Behaira
(entrüstet stampfend).

So ein eingebildeter Mensch!

Hamed.

Halte deine Zunge, Weib, wenn ich vom Propheten rede. „Hamed," sagte der Prophet, „Mohammed ist mit dir zufrieden, liebt dich und verehrt dich hoch. Für deine treuen Dienste, welche du den Marabutas leistest, wirst du belohnt. Die Marabutas werden dir von nun an alle Monate statt drei s e c h s Francs zahlen."

Schwester Rosa.

Schade, daß der Prophet vergessen hat, beizufügen, wo die Marabutas das Geld hernehmen sollen. — Hamed, Hamed, du bist ein schrecklicher Blaufärber.

Behaira.

Du solltest dich endlich einmal taufen lassen, statt uns solche Bären von deinem Propheten aufzubinden. Weil du ein blinder Heide bist, machst du dir aus dem Lügen nichts.

Hamed.

Was, ich blind? Hamed sieht besser als ihr alle. Hamed sieht die Sterne am hellen Mittag. — Hamed ist kein Heide, Hamed ist ein frommer Muselmann. Aber du, Behaira — noch hat der Mais nicht zweimal geblüht, seit Hameds Augen dich schauten, wie du mit der alten Auda beim Mondschein Ameisen fangen gegangen bist, und mit den Ameisen hast du gezaubert und Kinder kuriert.

Schwester Rosa.

Still, still, Hamed, jetzt ist sie ja bekehrt; und du, Behaira, reize den alten Mann nicht.

Behaira
(greift rasch nach der Flasche auf dem Tische, ehe sich Hamed dessen versieht; hell lachend).

Und schau, Marabuta, da trinkt er immer Wein und sagt, er ist ein frommer Muselmann.

Hamed
(schreiend).

Das bin ich auch, bi hania el Effendi! Gib

mir die Flasche, das ist Tee für meinen kranken Magen!

Behaira.
Ich habe auch einen schwachen Magen.
(Tut einen Schluck.)
Muskatwein — und wie gut!

Hamed.
Gib ihn mir, ich darf Wein trinken. Der Prophet hat mir für meine Person das Weintrinken erlaubt.
(Er jagt der lachenden Behaira gestikulierend und sich ärgernd rund um die Bühne nach.)

Behaira.
Aha! Wann denn?
(Versteckt sich hinter Schwester Rosa.)

Hamed.
Grad' jetzt im Traum.

Behaira
(hänselnd).
Wirklich? Ein lieber Prophet!

Hamed.
Du böse Sieben! — O ich armer, alter Mann! Marabuta, hörst du sie? Ich unglücklicher Mensch! — Erst haben mich meine drei Frauen, die Fta, die Fatma und die Fatuma, zu Tode sekiert, und jetzt tut diese erzboshafte Behaira da ein übriges.

Schwester Rosa.

Die Frauen haben dich zu Tode sekiert? Aber schau, du lebst, während deine Frauen gestorben sind.

Hamed
(froh).

Alhamdullilah, Dank sei Allah, alle drei!!

Behaira.

Der hat ein Herz, ein Herz von Gold!

Schwester Rosa
(für sich, seufzend).

Wir machen hier Spaß, das gehört sich gar nicht, wo's in der Wirtschaft so schlecht steht. Wir müssen zur Arbeit schauen, Behaira, damit wir doch bis 5 Uhr fertig sind und den Christbaum mitfeiern können. Komm!

Hamed.

Selmek, Marabuta! Behaira, gib mir die Flasche.

Behaira.

Da hast du sie.

Hamed.

Du Feldteufel, sie ist ja leer.

Behaira.

Du selbst hast sie ausgetrunken.
(Ab unter Gelächter mit Schwester Rosa nach rechts.)

Hamed
(mit der Fauſt ihr nachdrohend).

O du Ausbund! Warum hat Allah Frauen erſchaffen? Warum hat er Kabylinnen erſchaffen? Hamed hätte das nie getan.
(Geht auf und ab.)

Schweſter Annunziata
(Oberin, tritt auf von links, einen geſiegelten Brief aus dem Brevier nehmend und noch einmal betrachtend).

Hamed!

Hamed.
Selmek, Marabuta!
(Neigt ſich tief.)

Oberin.
Willſt du dieſen Brief — er iſt ſehr wichtig und eilt — hinunter in den Ort tragen und dem Ali Tuteur geben, der alle Tage nach Birmandsreis auf die Poſt geht. Zugleich ſchau, wo Schweſter Leopoldine iſt, und bring ſie nach Hauſe. Sie iſt zu den Kranken ins Dorf gegangen, man ſagt mir, verdächtige Leute aus Batna ſtreifen in der Gegend, und mir iſt um Leopoldine bang.

Hamed
(pathetiſch).

Gib mir den Brief, Marabuta, Hamed wird ihn dem Tuteur aufs Herz binden
(er übernimmt den Brief)

— Hamed wird die Marabuta Leopoldina beschützen und alle Räuber erschlagen. — Aber die Pforte?

Schwester Oberin.

Du bleibst nicht zu lange aus. Tessadid wird deinen Platz einnehmen.

Hamed
(beiseite mit einer Grimasse).

Tessadid ist auch nichts wert.
(Zur Oberin:)
Marabuta, dein Diener.
(Ab nach links; im Abgehen ruft er:)
Selmek, Ima!

Oberin
(allein).

Ich habe unsere Lage, wie sie ist, geschildert. Dieses Mißjahr hat uns furchtbar zugesetzt.... Wenn nicht bald Hilfe kommt, kann ich die Mission nicht halten. Sie wird uns nicht ohne Hilfe lassen. Aber es wird Zeit verstreichen — vierzehn Tage — drei Wochen — wie fristen wir uns so lange? ...
(Setzt sich kummervoll im Vordergrund nieder.)
Wird das ein trauriges Weihnachten heuer! Gar nichts für unsere Kinder habe ich! Kein Stückchen Stoff, nicht eine einzige Schnur Glasperlen. Das war doch noch niemals ... Mein Gott, wenn sie jetzt herausgetrippelt kommen — mit großen Augen mich anschauen: „Ima, was hat uns das Christkind gebracht?" — „Nichts!" — Doch — et-

was bringt es ja — ein Christbäumchen vom vorigen Jahr!

(Ruft:)

Tessadid!

Tessadid
(tritt auf, neigt sich mit gekreuzten Armen).
Belmesia?

Schwester Oberin.
Gehe ins Haus in den Saal und bring das Federbäumchen herunter mit den bunten Bändern, das auf dem Fenster steht. Wenn die Kinder aus der Schule kommen, wollen wir Christfeier halten.

Tessadid.
Ich tue es, Ima.

(Ab.)

Schwester Oberin.
Ich bin mit dem Offizium im Rückstande.
(Zieht das Offiziumsbüchlein, öffnet es, seufzt und betet:)
Dixit Dominus Domino meo, sede a dextris meis …

(Das weitere verliert sich in Gemurmel.)

Tessadid
(kommt mit einem ärmlich geschmückten Christbaum).
Da, Ima, ist das Bäumchen.

Oberin.
Stelle es auf den Tisch.
(Am Tisch mit dem Bäumchen beschäftigt, zu Tessadid, die sich entfernen will:)

Nein, geh noch nicht, du wirst jetzt statt Hameds die Pforte hüten.

(Tessadid nimmt die Flasche vom Boden und lacht.)

Der gute Hamed hat wieder seinen Zorn gegen euch Kabylinnen im Muskatwein ertränkt. Ihr solltet den armen Kerl nicht so plagen.

Tessadid
(trägt Flasche und Glas in die Veranda).

O Ima, ich nicht, nur die Behaira und die Hamama quälen ihn, aber er quält sie auch.

Oberin
(stellt das Tischchen in die Mitte der Bühne und ordnet an dem Bäumchen; wehmütig).

Ach, wie klein, wie arm! Wenn ich denke, unser Christbaum daheim in Köln — von der Diele bis zur Decke — beinahe hundert Kerzen — und das viele Backwerk — er bog sich ganz — und das Walkürenhaar — und die Attrappen — und der Engel oben mit dem Stern aus Gelatine! ... Und der Vater am Klavier —

(singt leise vor sich hin)

„O du fröhliche, o du selige ..." Und unsere gute Mutter, ganz strahlend vor Glück ... Die gute Mutter!

Schwester Leopoldine
(atemlos von rechts, ruft, noch bevor sie auftritt).

Hamed, wo ist Schwester Oberin? Bitte, schnell Schwester Oberin holen!

(Tritt auf.)

Schwester Oberin.
Sie sind's, Leopoldine?
(Erschrocken:)
Leopoldine, Kind, wie sehen Sie aus?
Schwester Leopoldine
(ganz aufgeregt und atemlos).

O Gott sei Dank, daß ich Sie gleich finde. Das hat auch unser Heiland gefügt! O Schwester Oberin, ich habe da unten ein Elend gefunden — ein Elend — das Herz bricht mir — Sie müssen helfen.

(Tessabid sitzt während dieser Szene statuenhaft in der Veranda.)
Oberin.
Mein Kind, beruhigen Sie sich. Sie lassen sich zu viel impressionieren. Sehen Sie, das dürfen Sie nicht. Ich könnte Sie sonst nicht mehr ins Dorf schicken. Ist der alte Kabyle tot?
Schwester Leopoldine.
Ja, der Arme; aber das ist es nicht, Schwester Oberin, ganz etwas anderes, etwas viel Schrecklicheres. Die Auda hat mir gesagt, zwischen dem Ort und der Mission, wissen Sie, gerade wo unser Weingarten anfängt, sollen fremde Araber seit zwei Tagen in einem Zelt oder einer Bude wohnen, und eine kranke Negerin soll bei ihnen sein. Auda sagt, sie lassen das arme Weib so dahinsterben und kümmern sich nicht um sie. Wie sie gekommen sind, hat sie ihnen ihre Päcke getragen, so schwer,

daß sie sich kaum schleppen konnte. — Ich kam hin — o Schwester Oberin, ich kann's nicht beschreiben. Die Arme war nur Haut und Knochen und lag auf der harten Erde in einem Winkel des Zeltes. Die beiden Araber saßen vor dem Zelt und brieten sich einen Hammel. Sie haben sich auch gar nicht gekümmert, wie ich hineinging zu der Kranken. Ich habe ihr Wein gegeben, aber sie konnte nicht mehr schlucken, und dann habe ich ihr vom Heiland erzählt und sie getauft — und dann hat sie nur ein paarmal mehr geatmet und hat mit gebrochener Stimme gesagt: Ulade!*)
(Weint.)

Schwester Oberin.

Mein Gott, wie oft habe ich schon solche Szenen erlebt! Die sind hier das tägliche Brot. — Sie hatte ein Kind, die Arme?

Schwester Leopoldine.

Ja, ein liebes, kleines Negerlein; erst ist es im Dunkeln gesessen und hat sich nicht gerührt. Aber als sie mit ihrer armen, dürren Hand hingedeutet hat, ist es zu ihr gelaufen und hat bitterlich geweint. Sie hat das Kind angeschaut und dann mich — o so flehend. — Ich weiß, was der Blick sagte: „Nimm es zu dir, schütz' es vor den Arabern" — und das Kind, o Mutter Oberin, es muß

---

*) Kind!

sie verstanden haben; denn als sie tot war und ich aus dem Zelte ging, lief mir's nach —

Schwester Oberin.
Du lieber Gott!

Schwester Leopoldine.
Aber da stürzte der eine Araber auf mich los und drohte und schrie, das sei das Kind seiner Sklavin und gehöre ihm; mit Gewalt riß er mir das Kind weg! Der andere, sein Bruder, war besser; der ging mir heimlich nach und sagte mir, gib Geld
(Oberin zuckt zusammen),
so kannst du das Kind haben. Er will zwanzig Francs haben. Liebe Schwester Oberin, ich bitte
(fällt auf die Knie),
ich bitte Sie auf den Knien: Geben Sie mir das Geld. Die arme Negerin wird's Ihnen im Himmel danken. Helfen Sie mir das Kind befreien!

Schwester Oberin
(schmerzlich).
Schwester, es ist unmöglich!

Schwester Leopoldine.
Oh, um Christi willen, so machen Sie es möglich.
(Schmeichelnd, mit bebender Stimme:)
Es ist ja heute Weihnachten, das Fest des heiligen Kindes und aller Kinder. — Erbarmen Sie sich des armen schwarzen Kindes. Erbarmen Sie sich!

Schwester Oberin
(tief ergriffen).

Schwester, gute Schwester, stehen Sie auf! Was soll ich Ihnen sagen?

(Schmerzvoll:)

Kinder, ich habe es euch bis jetzt verborgen, um euch nicht zu entmutigen. Das Haus ist in größter Not — unsere paar Wertsachen sind in Birmandreis verpfändet. Seit einer Woche leben wir auf Borg... Mein Um und Auf heute sind fünf Francs... Von was wir morgen leben werden, weiß der liebe Himmel... Sehen Sie, Schwester, da

(auf den Baum deutend),

das ist das ganze Weihnachten für unsere Kinder.

Schwester Leopoldine
(ganz vernichtet).

O Gott im Himmel, das arme, arme Kind! Die Araber werden es zu Tode peinigen wie seine Mutter, und ich kann's nicht retten!

(Verbirgt das Gesicht in den Händen.)

Schwester Oberin.

Fassen Sie sich, Leopoldine, ich habe nach Salzburg an die Sodalität geschrieben. Vielleicht kommt in ein, zwei Wochen etwas.

Schwester Leopoldine.

Aber das ist ja zu spät, es sind ja

Araber, kommen wie der Blitz und gehen wie der Blitz.

(Man hört lustige Kinderstimmen singen; von einem erwachsenen Kabylenmädchen begleitet, kommen die Kinder, laut und fröhlich plaudernd, auf die Bühne.*)

Mira
(eine der ersten, sieht den Christbaum und jauchzt):
Hada, hada, Christbaum!

Kinder
(im Chor):
Hada, hada, Christbaum!

Schwester Oberin.
Ja, Kinder. Da ist der Christbaum. Mehr hat das Jesulein diesmal nicht bringen können, als diesen kleinen Baum.

(Kinder murmeln leise, enttäuscht.)

Theresa.
Waren wir nicht brav, Jma?

Ein anderes Kind.
Wo sind denn die goldenen Sterne und Leb=zelten und Bonbons?

Ein viertes.
Bekomme ich keine Puppe?

---

*) Tracht der Negerkinder: Bunte Röckchen, einige haben alte Kartoffelsäcke an, andere aus Stoffmustern mosaikartig zusammen=gesetzte Kittelchen.

Therefa.
Das Jefukind ist heuer so arm wie wir!

Schwester Oberin.
Meine Lieben, nächstes Jahr wird es euch doppelt bescheren.
(Kinder stehen traurig um den Baum; eines öffnet verstohlen das Brevier, das die Oberin auf den Tisch legte, um zu sehen, ob etwas darin ist.)

Mira.
Marbuna? Warum Ima traurig sein?
(Geht zu Leopoldine und gibt ihr das Händchen.)

Schwester Leopoldine.
Ach, meine Mira!
(Liebkost sie.)
O Mira, eine arme Negerin ist heute im Dorf gestorben. Sie hatte ein Kind, kleiner als du, Mira, das haben die Araber in ihrer Gewalt.

Mira
(feurig).
Ima muß es kaufen, die bösen Araber werden es töten!

(Schaudert.)

Schwester Leopoldine.
Ima hat kein Geld, es zu kaufen, arm sind wir, arm, haben nichts.
(Ringt die Hände und weint; die Kinder, unter dem Eindruck von Schwester Leopoldines Traurigkeit, werden still und reden leise miteinander.)

Schwester Oberin
(die unterdessen etwas auszusinnen schien, nun zu Leopoldine tretend, hastig).

Leopoldine, ein Wort; was ist es, Sie sagen, die Männer bezeichneten das Weib als ihre **Sklavin**?

Schwester Leopoldine
(mit tränenvoller Stimme).

Der eine hat ausdrücklich gesagt ...

Schwester Oberin (energisch).

Da heißt es rasch handeln, und das Kind kann noch gerettet werden. Wir schicken noch heute zum französischen Konsul nach Birmandreis und bitten um seine Intervention; er wird die Verletzer des internationalen Antisklavereigesetzes ergreifen lassen —

(Ein Schuß kracht in unmittelbarer Nähe des Hauses, eine wilde Stimme schreit: „Roch fel djehennam!") —

Oberin (bestürzt):

Was war das?

Kinder
(fangen, sowie der Schuß fällt und der Fluch des Arabers zu hören ist, furchtbar zu schreien an).

Hilfe, Hilfe! Jma, Jma! Die Araber!
(Scharen sich wie Küchlein um die Henne um Schwester Leopoldine und Schwester Oberin.)

Schwester Oberin.

Ruhig, meine Lieben, ruhig; es wird Hassan sein, der auf Hyänen jagt.

Schwester Rosa und Behaira
(stürzen auf die Bühne).

Gott sei Dank, wir sind geborgen.
(Beide umklammern zitternd die Oberin.)

Behaira.
Hamdullah
(sieht sich entsetzt um),
er ist nicht da? Nicht da?

Schwester Oberin.
Was ist geschehen?

Schwester Rosa.
Ein Araber, bis an die Zähne bewaffnet, liegt dort im Hinterhalt mit einem Spießgesellen. — Wilde Flüche und Drohungen gegen die Schwestern stößt er aus. Wir haben alles von uns geworfen, ich den Korb und Behaira die Hacke, und so schnell wir konnten, haben wir uns hergerettet. — Wo ist Hamed?
(Alle geben Zeichen des Schreckens und Entsetzens.)

Schwester Oberin.
Im Dorf!

Schwester Rosa.
Heiliger Gott, wir sind verloren. Er droht, die Mission anzuzünden.

Schwester Oberin.
Wir sind in Gottes Hand.
(Die Hände gen Himmel hebend.)

Herz Jesu, beschirme uns! Unbefleckte Mutter, bitt für uns!

Alle.
Gott steh uns bei!

Ali Nigro*)
(tritt sehr rasch auf).

Du wirst n i c h t zum Konsul schicken.
(Oberin breitet die Arme schützend aus, vor ihre Schar sich stellend.)

Kinder
(leise, entsetzt).

Sidna Aissa, Sidna Aissa, der Araber!
(Weichen in den Hintergrund zurück.)

Schwester Oberin
(tritt mit sichtbarer Überwindung und bebend dem Ali Nigro entgegen).

Was wollen Sie, wer hat Ihnen das Recht gegeben, in die Mission einzudringen?

Ali Nigro.
Die da
(auf Leopoldine zeigend, die ebenfalls vorgetreten ist)
war bei uns und hat das Kind meiner Sklavin entführen wollen — ich hab' ihr's gewehrt, roch fel djehennam!**)

(Wild.)

---

*) Tracht: Beduinenmantel, Pluderhose, weißes Tuch über dem Kopfe; im Gürtel Dolch, Handschar, Pistole.
**) Sprich: Ruoch fel dschehennam (Fahr' zur Hölle).

Sie hat ein süßes Gesicht gemacht und wie eine Taube geseufzt; ich kenne eure süßen Gesichter! Jetzt hat sie mich bei dir, weiße Frau, verklagt, und du willst den Konsul, den Satanssohn, auf mich hetzen! Tue es, und ich zünde dir das Haus über dem Kopfe an.

(Entsetzen unter den Anwesenden.)

Schwester Leopoldine
(abwehrend die Hände ausstreckend.)
Sidi, seid Ihr ein Mensch?

Ali Nigro.
Ich bin ein Mensch; aber ihr, weiße Frauen, seid falsche, schleichende Schlangen. — Du falsches Weib! Ich hasse dich! Du Verräterin!

Schwester Leopoldine.
Was hab ich Euch getan? Warum haßt Ihr mich? Ich wollte Euch ja nichts Böses, nur das arme Kind zu unserer lieben Mutter bringen wollte ich.

(Zieht die Hand der Oberin an ihre Lippen.)

Ali Nigro.
Das Kind meiner Sklavin, m e i n e r Sklavin, die ich mit m e i n e m Geld gekauft habe, willst du deiner

(höhnisch)

l i e b e n Mutter bringen, und mich will deine liebe Mutter dem Konsul übergeben, der mich hängen

läßt! Das ist eure Milde, ihr heiligen weißen Frauen! Von einer Seite Engel, von der andern Teufel! — Europäerart! Wir, wenn wir Teufel sind, sind wir's wenigstens ganz. Ja, du süß Lächelnde, schicke nur zum Konsul, wenn du Blut willst, schicke hin — sterben werde nicht ich, sterben wirst du und die da und ihr alle.
(Fährt mit der Hand nach seinem Revolver.)

Schwester Leopoldine
(fällt vor ihm nieder).

Herr, tötet mich, aber unserer teuren Mutter, den lieben Kindern tut kein Leid, ich bitte Euch!
(Ali lächelt verächtlich; Oberin bittet durch Gebärden Leopoldine, aufzustehen.)

Schwester Oberin
(spricht zuerst mit wankender Stimme, dann fester, zuletzt sehr energisch).

Gott weiß es, ich trage nicht das geringste Verlangen, Sie unglücklich zu machen. Geben Sie das Kind, das Sie widerrechtlich in Ihrer Gewalt haben, heraus, und wir sehen von jeder Anzeige gegen Sie ab. Sie drohen mit Mord und Brand uns wehrlosen Frauen; bedenken Sie, daß Sie durch solche Untat unfehlbarer noch als durch meine Anzeige dem Gesetz verfallen. In Afrika herrscht, dank den Mächten, nicht mehr die Anarchie von ehemals.

Ali Nigro
(ist unter ihren Worten etwas zurückgewichen, düster).

Das Kind ist mein, ich habe seine Mutter mit meinem guten Gelde an der Küste gekauft.
(Pause.)
Gebt Geld, so sollt ihr das Kind haben.

Schwester Leopoldine.
Sidi, wir sind sehr arm.

Ali Nigro.
Ich glaube es nicht. Wo sind die Schätze, die ihr vom Lavigerie Pascha geerbt habt?

Schwester Oberin.
Hier sehen Sie das Erbe von unserem seligen Stifter, die armen Waisenkinder von Kabylien.
(Wendet sich zu den Kindern.)
Andere Schätze haben wir nicht.

Schwester Leopoldine.
O Sidi, habt ein Herz, gebt uns das Kind. Allah soll Euch dafür segnen und soll Euch geben, was Euer Herz begehrt, Kleider, Waffen, Pferde!

Ali Nigro.
Gib Geld, so gebe ich dir das Kind.

Schwester Leopoldine.
Aber wir haben keines, wir sind ganz arm.

Ali Nigro.
Zwanzig Franken, diesen Bettel wirst du doch wohl haben?

Schwester Leopoldine
(in Tränen).

Nein, Herr, wir sind ganz arm. Wir und unsere Kinder haben kaum zu essen!

Ali Nigro.

Ich bin auch arm! Gib Geld!
(Die Schwestern reden leise miteinander, Leopoldine flehend, Oberin traurig ablehnend. Nigro steht düster entschlossen im Vordergrund.)

Hamed
(hinter der Bühne).

Allah, lallah, tallah!
(Bewegung unter den Kindern und Klosterfrauen.)

Schwester Oberin
(ruft freudig).

Das ist Hamed, unser Hamed! Guter Gott, den schickst du uns zurecht ...

Hamed
(stürzt auf die Bühne, einen Brief und Beutel hochhaltend).

Post aus Europa! Post aus Europa!

Schwester Oberin
(die Hände faltend).

O Herr, du verlässest die Deinen nicht.

Kinder (schreien jubelnd):

Post aus Europa! Post aus Europa! Post aus Europa! Hamdullah, Hamdullah!
(Ali Nigro ist beim Klang der Stimme Hameds an seine Waffen gefahren; wie er Hamed erblickt, lächelt er geringschätzig und verschränkt die Arme.)

Hamed
(eilt unterdessen, von rechts kommend, auf die Oberin zu; Ali Nigro bemerkend, weicht er zurück).

Alla hua el kader! Was will der Vagabund hier?
(Getraut sich nicht weiter.)

Schwester Oberin.

Er ist im Begriff, ein Geschäft mit uns abzuschließen, und so Gott will, machen wir's jetzt perfekt. Nur ruhig Blut, mein guter Alter.
(Winkt den Hamed, der scheue Blicke nach Ali Nigro wirft, zu sich und empfängt von ihm einen Postbeutel und Brief.)
Schwester Leopoldine! Ein Beutel Silbergeld
(ein Säckchen entfaltend)
von Salzburg — 24 Kronen — sie gehören Ihnen ganz zu freier Verfügung.

Schwester Leopoldine
(jauchzend den Beutel in Empfang nehmend).

O Dank, Dank, tausend Dank!
(Sie eilt mit kindlicher Freude zum Araber.)
Sidi, da ist das Geld.
(Öffnet das Beutelchen; er verschlingt das Geld mit glänzenden Augen und hascht danach.)
Und nun holen wir uns das Kind! Schwester Oberin, ich gehe selbst um das Kind; nicht wahr, ich darf gehen?
(Die Hände faltend.)
Bitte, lassen Sie mich gehen!

Schwester Oberin.
In Gottes Namen, liebe Ungeduld.
(Schwester Leopoldine laufend ab.)

Ali Nigro
(lacht laut auf).

Ja Imir!*) Die weiße Närrin hat ein gutes Herz.

(Ab.)

Hamed
(vorsichtig umschauend).

Ist der Satanssohn fort? Hamdullah, mögen meine Augen ihn niemals wieder erblicken! Ha, das Gesindel zeigt sich nur dann, wenn Hamed nicht die Pforte hütet und ein dummes Kabylenweib wie Tessadid seinen Platz versieht.

(Tessadid schneidet ihm ein Gesicht.)

Nun, Marabuta, was sagst du, ist Hamed nicht ein treuer Knecht? Einen Beutel Geld hat er dir gebracht; daß ihn Ima Leopoldina gleich dem Lumpen geschenkt hat, ist nicht meine Schuld; auch einen dicken Brief brachte er dir, und schuffi, da kommt noch der kleine Tuteur mit einer Kiste — Marabuta?! — Ah so, die liest den dicken Brief, Hamed will sie nicht stören, Hamed weiß, was sich gehört.

---

*) Ja Imir = arabische Beteuerung.

Schwester Oberin

(hat den Brief, den ihr Hamed überbracht, geöffnet und liest während seiner Rede; sowie sie damit fertig ist, hebt sie den Brief in die Höhe und ruft freudig).

Meine Lieben! — Stimmen wir Te Deum an! Das Christkind ist mit seinem reichsten Segen eingekehrt. Die 24 Francs, die uns ein liebes Wienerkind durch unsere treue Mutter in Europa sendet, sind nicht alles — dem Missionshaus widmet Maria Sorg einen Wechsel auf 300 Francs

(zeigt den Wechsel),

einzukassieren in Algier — und für euch, Kinder, ist eine ganze Christbescherung unterwegs.

(Jubelgeschrei der Kleinen; ein junger Kabyle fährt auf einem Schubkarren eine Kiste herein.)

Schwester Rosa
(fröhlich).

Schwester Oberin, mir scheint, die Christbescherung ist schon da.

Kinder
(jubelnd).

Hada! Hada! Kiste ist da! Kiste aus Europa!

(Alle umringen die Kiste; Schwester Rosa und Tessabid öffnen die Kiste auf einen Wink der Oberin und packen Kinderkleider, Negerschmuck, Münzenbänder, Statuetten, Bilder usw. aus. Kinder schreien und jubeln, raufen sich um die Sachen. Die Oberin steht währenddessen still lächelnd, setzt sich dann und betrachtet mit gefalteten Händen das Schauspiel.)

Theresa.
Schuffi zerira! Das Puppenkind gehört mir!
Zweites Kind.
O wie schön, die Schürze!
Drittes Kind.
Ima, mir den heiligen Jesus mit der Krone!
Viertes Kind.
Mir die schöne Kette.

Behaira
(schmückt sich mit einem Schal).
Steht mir gut!

Schwester Rosa.
Die Pfeife will einen Herrn haben.
(Reicht sie Hamed.)
Der einzige Herr in der Mission!

Hamed
(hochentzückt).
Hamdullah! Wer ist der Effendi, mit einem Bart, fast so schön wie Hameds Bart?

Schwester Rosa.
Lueger Effendi in Wien.

Hamed.
Bi rassi! Er gefällt mir.

Schwester Rosa.
Und weil du, guter Hamed, die Uhr nie recht im Kopf hast, so kann dir diese da von Nutzen sein.

Hamed
(hocherfreut).

Hamdullah!
(Hält die Uhr ans Ohr.)

Sie geht.

Behaira
(hänselnd).

Was sagt sie denn?

Hamed
(horcht).

Tik, tak, bist brav. Behaira, hörst du? sogar die Uhr weiß, daß ich brav bin.
(Lachsalve der Kinder.)

Schwester Oberin.
(selig versunken).

O du fröhliche, o du selige, gnadenbringende Weihnachtszeit.

Schwester Rosa
(kommt zu ihr).

O Mutter, alles was gut und teuer, ist in der Kiste, sogar Christbaumschmuck.
(Beginnt den Baum zu schmücken.)

Schwester Oberin.
Ein Weihnachtskindlein gewiß auch!

Schwester Rosa.
Ich habe noch keines gefunden.

Schwester Oberin.
Die Glücklichen sind immer unbescheiden.

Sehen Sie doch nach, ob kein Weihnachtskindlein unter den Sachen ist. Wenn Leopoldine zurück ist, wollen wir unsere Christbaumfeier halten, und die Kinder sollen singen Grönaida el Melaika.

Schwester Rosa
(bei der Kiste).
Ich finde kein Weihnachtskindlein.
(Schwester Leopoldine tritt auf, ein kleines, scheues, ärmlich gekleidetes Negerkind sorgsam führend.)

Mira.
Schwester Leopoldine kommt!

Alle.
Schwester Leopoldine kommt!

Schwester Rosa.
Ach, und sie bringt das Negerlein mit.

Schwester Oberin
(die Arme ausbreitend).
Das Weihnachtskind!

Schwester Leopoldine
(führt ihr das Kind zu, zärtlich zu demselben sprechend).
Zur Mutter, liebes Herzerl, zur Ima gehen wir. Die schwarze Ima ist dort
(deutet zum Himmel),
aber hier, siehst du, ist die weiße Ima.

Schwester Oberin.
Willkommen!

Negerkind
(breitet die Händchen aus und stammelt).

J—ma, J—ma!

Schwester Leopoldine
(setzt das Kind auf Schwester Annunziatas Schoß).

Schwester Oberin, Jesuleins schönste Weihnachtsgabe für unsere Mission! Sein schwarzes Schwesterlein!

Schwester Oberin.

Willkommen, mein Kind! Willkommen, mein Weihnachtskindlein! An einem Tag des Glückes kommst du zu uns, und glücklich sollst du bei uns werden. Komm an mein Herz, Jma hat dich lieb!

Kinder
(herbeidrängend).

Hada, hada, wie herzig es ist!
(Drängen sich um das Negerkindlein, schauen es an, lachen es an.)

Mira.
Hada, für deine kleinen Hände.
(Gibt dem Negerkind Perlen.)

Therese
(gibt ein Kreuzchen).

Für deinen kleinen Hals.

Ein anderes Kind
(Backwerk reichend).

Hada, für deinen kleinen Mund.

Hamed.
Hada, für deine kleinen Ohren.
(Hält seine Uhr dem Negerkind ans Ohr; Kabylinnen beschenken es gleichfalls.)

Negerkind
(schmiegt sich an die Oberin).
Ima — Ima —

Schwester Leopoldine.
Und das ist für dein kleines Herz.
(Küßt das Kind.)

Schwester Oberin.
Ich danke dir, o Kind von Bethlehem!

Schwester Leopoldine.
O Kind von Bethlehem!
(Kinder stellen sich in zwei Reihen halbkreisförmig um die Oberin auf. Eine Schwester intoniert das arabische Weihnachtslied, das sie in abwechselnden Chören singen.)

Krippenlied der Kabylenkinder.
Ia Sidi ia, ia Rebbi ia
A Bethlehema, a Bethlehema.
Grönaida el Melaika
Ulade el zerir,
Griede el Melaika
Gried' Alla el kebir.
Rebbi nessellu fel arde
Sidnaissa murchalessna
Ben Meriem.

Ia, Sidi ia, ia Rebbi ia,
A Bethlehema, a Bethlehema.*)

Ende.

---

*) O Herr,
  O Herr
Zu Bethlehem.
Es singen die Engel
Dem lieblichen Kinde,
Sie singen, sie beten
Den großen Gott an.
Der Herr stieg zur Erde,
Jesus Christ, der Erlöser,
Der Sohn Mariä.
Zu Bethlehem
O Herr,
O Herr
Zu Bethlehem!